AF357728

DES
DIFFÉRENTS PARTIS

QUI DIVISENT

LA FRANCE

DE LEUR INFLUENCE

QUELLE SERAIT LA SOLUTION LA PLUS AVANTAGEUSE

POUR LE PAYS.

Par ERNEST BOTTARD

Ancien élève de l'école polytechnique.

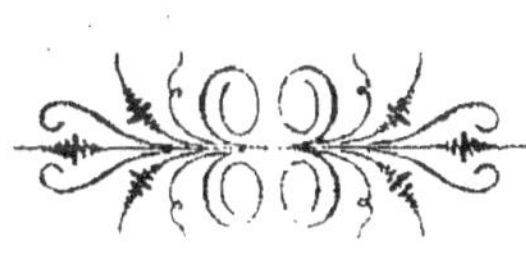

CHATEAUROUX

TYPOGRAPHIE ET STÉRÉOTYPIE A. NURET ET FILS

1873

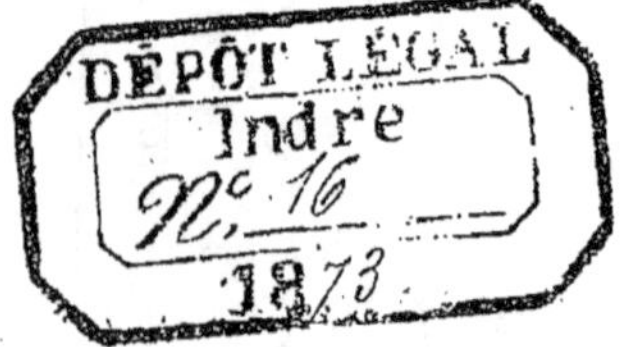

DES

DIFFÉRENTS PARTIS

QUI DIVISENT LA FRANCE

De leur influence. — Quelle serait la solution la plus avantageuse pour le pays ?

PARTI LÉGITIMISTE. — Nous vivons à une époque où les choses les plus impossibles sont précisément celles qui ont le plus de chance d'arriver. Il y a une quarantaine d'années; un pauvre enfant, qui n'avait commis d'autre crime que de naître sur les marches du trône et d'avoir pour parents des princes aux idées tant soit peu arriérées, partait pour la terre d'exil. Victime des dissensions politiques, banni par une branche de sa famille, il était condamné à ne plus revoir ce beau pays de France, qu'il n'avait pu encore ni apprécier ni aimer. Oublié pendant de longues années, élevé dans un château par quelques serviteurs honnêtes et fidèles, mais aux idées étroites, il était demeuré jusqu'à ces derniers temps complétement étranger à son pays natal. Visité de temps à autres par quelques descendants des croisés, qui venaient saluer en lui leur roi légitime, il n'apprenait que par eux ou par quelques journaux plus ou moins attachés à son parti, ce qui se passait en France. Bien des événements, bien des révolutions se sont accomplis sans apporter aucun changement à sa position. La branche cadette qui l'avait chassé est à son tour partie pour l'exil ; et sur le trône des Bourbons s'est assis un des descendants de Napoléon. Pendant longtemps la puissance de çe nouvel empereur fut sans rivale dans toute l'Europe, puis tout d'un coup ce second empire s'écroule au milieu de défaites et de revers inouis. La France, ravagée, foulée aux pieds par le Prussien victorieux, voit encore, grâce au patriotisme des frères et amis, la guerre étrangère se compliquer de la guerre civile.

Anéantie, agonisante, elle se demande avec angoisse, après avoir pour ainsi dire essayé de tout, si le fils de ses anciens rois n'est pas le sauveur qu'il lui faut appeler. Les paradoxes de nos avocats sans cervelle l'ont affolée, les crimes et l'idiotisme de nos communeux lui ont inspiré une horreur indicible, elle tourne malgré elle ses regards vers ce passé si raillé, si dédaigné, elle se prend presque à détester ces idées libérales que pendant de longues années elle a patronné et soutenu avec tant d'ardeur. Dès lors le comte de Chambord devient un candidat sérieux, s'appelle Henri V, et se trouve le chef d'un parti puissant.

Parti Orléaniste. — A côté de cette royauté de droit divin s'élève une autre royauté, plus sympathique, plus rationnelle, qui essaie de mettre d'accord et la stabilité monarchique, et les idées libérales. A la tête de ce parti se trouve un prince jeune et intelligent ; la manière dont il a été élevé lui permet de comprendre son époque, les besoins de la France et ses aspirations. Il est entouré d'une famille nombreuse dont tous ou presque tous les membres ont donné des preuves de courage et de patriotisme. On a reproché aux d'Orléans leur usurpation avec une grande amertume, et l'on a fait, selon nous, Louis-Philippe beaucoup plus noir qu'il n'était. Il s'était rallié très-franchement à la branche aînée des Bourbons, mais il ne pouvait en partager les idées surannées. On le savait, aussi on le fit chef de parti malgré lui. Poussé d'un côté par les classes éclairées, de l'autre un peu par l'ambition et un peu aussi par le désir de voir son pays échapper aux fureurs démagogiques, il monta sur le trône avec répugnance. Modèle des rois honnêtes et débonnaires, il n'en fut pas moins traité de tyran ; il fit des fautes, sans doute, mais ces fautes ne pouvaient légitimer la Révolution de 1848. Cette dernière du reste, fut une surprise ; tout le monde sait en effet que l'opposition voulait seulement renverser le ministère et non la royauté.

La République fut acceptée avec crainte et sans enthousiasme par la nation, et il aurait été facile aux princes d'Orléans de refuser de reconnaître la décision des meneurs parisiens. Appuyés par une bonne partie de l'armée et par leurs partisans, ils pouvaient tenter la lutte avec quelques chances de succès. Craignant d'être taxés d'égoïsme ils n'en firent rien, et cette conduite honorable qui passa d'abord inaperçue, leur valut plus tard l'estime générale.

Dans ces derniers temps, le comte de Paris, comme

chef de parti, vient d'incliner son drapeau devant le comte de Chambord ; c'est un acte d'une grave importance. Il y a là, selon nous, une grande abnégation ou une grande maladresse, abnégation si l'on a voulu, dans l'intérêt du pays, faire disparaître une cause de discorde ; maladresse si la branche cadette a cru retirer de la fusion, une nouvelle force et de nouveaux droits. Le comte de Paris deviendra l'héritier du droit divin, ce titre qu'il aurait dû, dans son intérêt, éviter à tout prix, le rendra, quelles que soient ses tendances libérales, suspect à la majorité de la nation. La fusion est faite dans les deux familles, mais comme on l'a fort bien dit, elle est loin d'être faite parmi leurs partisans. Les légitimistes deviennent plus puissants, sans aucun doute, mais la seule royauté qui avait quelque chance de s'implanter en France d'une façon durable, disparaît à jamais, et bon nombre de ses adhérents pourraient fort bien tourner les yeux d'un autre côté.

Parti bonapartiste. — Ce parti est représenté en ce moment par une femme et un enfant, et en seconde ligne par un prince intelligent, mais tout à fait impopulaire, et qui n'a pas su s'attirer les sympathies de l'armée. Après les revers effroyables au milieu desquels l'Empire a disparu, ce parti est réduit actuellement à l'impuissance, il ne peut guère se relever que par les fautes de ses adversaires. La commune et les radicaux ont déjà fait beaucoup pour lui.

La lutte se trouve donc actuellement engagée entre la République et la Monarchie légitime, puisque les d'Orléans ont abdiqué. Les deux partis sont en présence et la bataille décisive ne saurait être retardée plus long-temps. Examinons quelles sont les chances de ces deux partis, et surtout quelle est la solution qu'il faudrait désirer dans l'intérêt de la France.

Le comte de Chambord, qui est sans contredit un fort honnête homme, et que nous allons juger, non pas au point de vue de la vie privée, mais au point de vue politique, a deux choses fort graves contre lui : l'idée qu'il représente (droit divin) et son éducation.

L'idée qu'il représente est souverainement antipathique aux paysans, aux ouvriers et aux classes éclairées. A part quelques familles qui vivent complétement en dehors de la société moderne, la plupart des partisans de la Monarchie veulent un roi, à la condition que ce roi reconnaîtra tenir son pouvoir de la nation et non de Dieu ; et il faut avouer qu'ils n'ont pas tout à fait tort.

Le droit divin, tout le monde le sait, est en effet une basse flatterie inventée par les courtisans de nos anciens rois. Ce droit ne repose sur aucune base solide, cela est évident, mais comme les vérités les plus claires ont besoin, par le temps qui court, d'être appuyées par des preuves irréfutables, il est bon de s'y arrêter. Nous avons eu trois dynasties : les Mérovingiens renversés par les Carlovingiens qui, à leur tour, ont été détrônés par les Capétiens. Hugues Capet, avec l'assentiment de quelques seigneurs, s'est substitué au dernier descendant de Charlemagne, en s'appuyant tout simplement sur le droit du plus fort. Est-ce là ce que l'on appelle le droit divin ? Il aurait une grande analogie, il faut l'avouer, avec le droit prussien. Dans tous les cas, Napoléon Ier et les princes d'Orléans peuvent invoquer le même principe, ils ont même sur Hugues Capet le grand avantage d'avoir été nommés non par quelques seigneurs, mais par la nation émancipée et appelée à donner son avis. Ainsi donc, ce droit divin ne repose sur aucun fondement.

Pendant huit siècles environ, les aïeux des Bourbons ont gouverné la France, c'est là la seule raison sérieuse que l'on puisse alléguer en leur faveur. Parmi tous ces rois, les uns ont fait du bien, les autres ont fait du mal, mais presque tous ont contribué à fonder ce tout homogène qui constitue notre beau pays ; on doit leur en savoir gré et être reconnaissants du résultat qu'ils ont obtenu. Pour être juste cependant, il faut ajouter qu'ils ont surtout travaillé pour eux. Il serait peut-être même difficile de trouver, au milieu de tant de rois, deux ou trois princes qui aient réellement fait abnégation de leur intérêt personnel, pour ne s'occuper que du bien de la nation, et il est incontestable que beaucoup d'entre eux ont fait passer leurs caprices avant l'intérêt de l'État. Est-ce à dire pour cela que si une autre famille eût occupé le trône elle eût mieux fait ? Non certes ; les choses, suivant toute probabilité, auraient suivi le même cours, dans cette nouvelle série de princes, à côté d'hommes habiles et énergiques, il y aurait eu des hommes faibles et peu intelligents. Que conclure de tout cela ? C'est que le meilleur de tous les droits des Bourbons, est dans l'utilité plus ou moins grande qu'il y aurait pour la France à les appeler au pouvoir, afin de fermer, pour un temps du moins, l'ère des révolutions. Toute la question est là.

Après les revers sanglants que nous venons d'éprouver, après la perte de deux de nos provinces conquises par l'ennemi, la France a besoin d'un gouvernement fort et habile, qui lui permette, dans des temps peu éloignés, de revendiquer tous ses droits. Le comte de Chambord peut-il nous donner ce gouvernement ? Nous ne le pensons pas. A peine installé il sera en butte à une hostilité sourde de la part des autres partis, et il n'aura pas trop de toutes ses forces pour se défendre. Il faudrait au nouveau roi les idées larges, libérales, de son aïeul Henri IV, car, comme lui, il lui faudra reconquérir la France. Jusqu'à présent toutes les lettres et proclamations du prétendant ont prouvé que tout en étant un honnête homme, il est complétement au-dessous de la tâche qu'il s'est proposée. Quand un prince hésite à abandonner sa bannière blanche fleurdelysée, et envoie des adresses aux députés qui ont voulu entraîner la Chambre dans des manifestations religieuses, on peut dire à coup sûr qu'il n'a pas compris son époque, et qu'il est incapable de jouer un rôle politique comme chef d'État. Il aurait mieux fait de prendre modèle sur le Béarnais qui, dans une circonstance à peu près analogue, s'est écrié en gasconnant « Paris vaut bien une messe », paroles qu'on lui a durement reprochées et bien à tort. Si l'on veut en effet chercher sous cette forme un peu brutale la pensée de Henri IV, on verra facilement qu'il voulait dire : en abandonnant la religion protestante, j'arrête la guerre civile, j'évite la mort de milliers de concitoyens, et je donne à la France la paix et la prospérité dont elle a si grand besoin.

Le prétendant actuel a saisi, au contraire, la question par le petit côté, et si tous les partis ont toujours jusqu'à présent parlé de lui avec la plus grande déférence, c'est

que tous ne l'ont pas considéré comme un candidat
sérieux. Devant la maladresse évidente de ces écrits,
quelques personnes ont même pensé qu'il n'agissait ainsi
que pour se rendre impossible, et se débarrasser une fois
pour toutes des obsessions de ses partisans. En cela il
eut agit selon nous très-sagement ; car sans enfants,
riche, traité avec tout le respect dû à un monarque, non-
seulement par son entourage, mais par les étrangers, il
avait tous les avantages de la royauté sans en avoir les
inconvénients. La vie calme et heureuse qu'il a menée
jusqu'à présent aurait dû lui apprendre à dédaigner le
pouvoir ; mais n'est pas philosophe qui veut.

Nul ne peut prévoir l'avenir, et nous n'avons certes
pas la prétention d'être prophète ; nous croyons cependant
qu'en s'appuyant, d'un côté sur une majorité très-
faible de la Chambre, et de l'autre sur les craintes,
hélas ! trop légitimes, que font concevoir les communeux
et leurs amis les radicaux, le comte de Chambord peut,
à la rigueur, arriver au pouvoir.

Une majorité d'une vingtaine ou d'une trentaine de
voix dans une Chambre dont le pouvoir constituant est
même contesté (à tort selon nous) par bon nombre de
journaux, peut-elle donner à un gouvernement un point
d'appui et une base solides ! Évidemment non. Le règne
de Henri V ne peut être de longue durée, et ne servira
pour ainsi dire qu'à donner de nouveaux prétextes aux
émeutes et aux révolutions. Ce n'est donc pas là la solution qu'il nous faut désirer.

En face de la Monarchie légitime, un seul gouvernement est possible, la République. Cette dernière, il y a
quelques mois, avait toutes les chances pour elle, actuelle-

ment il n'en est plus ainsi. Ce revirement de l'opinion publique est dû à la conduite des radicaux, et aussi, il faut bien l'avouer, à la manière maladroite, ou, si l'on aime mieux, trop habile de gouverner de M. Thiers.

En France, le seul parti républicain qui ait quelque chance d'arriver au pouvoir et d'y rester, est formé par les républicains modérés et représenté à la Chambre par le centre gauche. Malheureusement ces républicains donnent la main aux radicaux qui, eux-mêmes, éprouvent une tendresse infinie pour les communeux. Où est le point qui les sépare ? il est bien difficile de l'indiquer ; le pays qui n'aperçoit aucune solution de continuité, et qui sent que la République glisse pour ainsi dire par son propre poids vers la Commune, s'inquiète et cherche naturellement des garanties d'un autre côté. Le centre gauche et M. Thiers ont voulu, au moment où rien n'était moins nécessaire, contracter des alliances avec l'extrême gauche, et ils ont ainsi fourni aux monarchistes les armes les plus dangereuses. Remontons en effet le cours des événements. Après avoir anéanti la Commune, M. Thiers avait pour lui l'opinion publique et était tout puissant. Punir avec la dernière rigueur les chefs de la Commune, et suivre resolûment la ligne de conduite tracée par le pacte de Bordeaux, telle devait être sa politique.

S'il eut agit ainsi, il serait encore au pouvoir, la fusion n'aurait pas eu lieu, et la République serait non-seulement possible, mais elle serait à peu près faite. Cette situation était trop simple pour l'esprit de M. Thiers. Rusé, rompu à toutes les finesses parlementaires, il voulut encore augmenter son influence, en tendant, sous prétexte de conciliation la main à tous les partis. Cette politique était bonne, à la condition toutefois de déclarer une guerre acharnée aux communards, ces éternels ennemis de la société et de la civilisation. Ce fut tout à fait l'inverse que fit l'ex-président, on le vit protéger bon nombre de chefs de la Commune (Ranc, Rochefort, etc., etc.); donner des gages aux radicaux, et insensiblement, devant les méfiances et les hostilités de plus en plus grandes de la droite, s'allier presque ouvertement avec l'extrême gauche. C'était la plus grande faute qu'il pût commettre, il faisait ainsi le jeu des radicaux; grâce à lui, ces derniers remportaient à chaque élection de nouveaux avantages, et il ne pouvait en aucune façon compter sur eux. Enfin les élections de MM. Ranc et Barodet, à l'exclusion de M. de Rémusat, vinrent démontrer à la nation que M. Thiers avait lassé tous les partis par son fameux système de bascule, qu'il n'était plus capable d'arrêter le mouvement et que l'on arrivait rapidement à la commune légale. Il y eut alors en France une frayeur d'autant plus grande, que l'on avait cru jusqu'au dernier moment l'ex-président assez fort et assez habile pour conjurer le danger. On se demandait avec anxiété comment, sous la direction de cet homme d'État essentiellement conservateur, on en était arrivé à redouter le triomphe définitif de ces bandits qui avaient ensanglanté les rues de Paris et détruit nos monuments. La réaction fut immense, M. Thiers abandonna le pouvoir au milieu de l'indifférence générale, et le parti monarchiste profita habilement de cette circonstance pour opérer la fusion et enrôler sous sa bannière un grand nombre de gens effrayés qui n'avaient pas pour lui une grande sympathie.

Les événements dont nous venons de parler sont bien récents, et il est généralement sage de s'abstenir de toute appréciation immédiate ; mais ce que nous venons de dire est tellement évident pour tous les hommes de bonne foi, que nous ne craignons pas d'affirmer que notre jugement sera confirmé par celui de l'histoire.

M. Thiers, avec la meilleure volonté du monde a fait fausse route, en proposant et en faisant adopter les deux lois sur l'armée et sur les traités de commerce, il a encore, selon nous, commis une erreur très-grave. Cela dit, il est juste d'ajouter qu'il est animé du plus grand patriotisme, ses ennemis eux-mêmes ne peuvent s'empêcher de le reconnaître. De plus, il a travaillé avec le zèle le plus ardent à la libération du territoire, et s'il a été aidé par la Chambre et le pays, il n'en est pas moins vrai qu'il a beaucoup fait par lui-même, et ce sera toujours là son plus beau titre de gloire. Les populations de l'Est l'ont parfaitement compris, et lui ont témoigné leur reconnaissance ; la nation entière, sans être taxée d'ingratitude, ne saurait avoir d'autre sentiment.

Outre l'influence de M. Thiers qui a été si fatale à la République, il y a encore une autre cause non moins importante, qui est venue aider puissamment les partisans de la royauté ; nous voulons parler des événements d'Espagne.

Un roi dégoûté du pouvoir, ou ne se croyant pas capable de faire le bonheur de ses sujets, donne tranquillement et sans secousse sa démission de souverain. Les Chambres réunies proclament la République, cette République est acceptée par la nation, et deux ou trois mois après qu'elle a été proclamée, le pays est couvert de sang et de ruines. Les provinces, les cantons, les communes, les villes mêmes, se déclarent indépendants de l'autorité centrale, l'armée disparaît avec la discipline, et de quelque côté que les yeux se tournent on ne voit que désordre, meurtre et pillage. Que faut-il en conclure? Que la République conduit fatalement les peuples à l'idiotisme ou à la folie? On serait tenté de le croire. Pour nous cependant, nous croyons fermement que les principes sur lesquels repose ce gouvernement, sont complétement indépendants de tous ces crimes. Il faut en faire retomber la responsabilité tout entière sur nos démagogues. Cette classe intéressante est à peu près exclusivement composée de gens qui spéculent sur ce titre pour arriver soit au pouvoir, soit à la richesse. Que s'est-il en effet passé en Espagne? Le roi Amédée avait à peine quitté Madrid que le nouveau gouvernement s'est trouvé composé, on ne sait comment, d'avocats braillards et inintelligents. Qu'ont-ils fait? Ils ont tout désorganisé, à commencer par l'armée; puis après avoir terminé ce beau travail qu'ils ont du reste achevé avec une rapidité et une dextérité merveilleuse, ils se sont trouvés au milieu d'un chaos et d'un désordre inexprimables. Il fallait reconstruire, c'était le cas d'appliquer leurs belles théories, aussi chacun apporte son petit projet et l'on fait discours sur discours. Pendant que les Espagnols, prenant d'ailleurs exemple sur les Français, admirent les belles périodes de leurs orateurs, la machine se détracte complétement, et le pays est à feu et à sang. Quel remède apporter? Eh! mon Dieu, le remède le plus simple, une discussion vive et animée aux Cortès, terminée par un discours de M. Castelar, le premier orateur du monde. Quand donc, ô malheureux peuples, cesserez-vous de vous extasier dévant la sottise de cette race de perroquets criards et vaniteux. Alors, mais seulement alors, la vertu, le talent seront honorés et l'âge d'or reviendra. Il est probable, hélas ! que ces temps fortunés sont encore bien loin de nous.

Quoi qu'il en soit, il n'en est pas moins vrai que les malheurs de l'Espagne, malheurs que l'on ne peut attribuer qu'aux républicains, ont été une leçon pour la France. Les plus incrédules et les plus optimistes ont ouvert les yeux, tout le monde est convaincu que si le jeune dictateur, l'émule de Castelar, arrive au pouvoir avec les frères et amis, le pays est perdu. On fera en France ce que l'on a fait en Espagne, l'armée, notre seul point d'appui, sera immédiatement désorganisée, dès lors nos braves communards, n'ayant plus rien à craindre, se passeront toutes leurs fantaisies, et il y aura encore de beaux jours pour la canaille. Nul doute à cet égard, aussi un grand nombre de citoyens cherchent dans l'antique royauté un remède à tous ces malheurs trop faciles à prévoir. Il est certain que s'il fallait choisir entre la République radicale et la royauté de droit divin, il n'y aurait pas à hésiter. Avec la royauté, en effet, quelles que soient ses tendances rétrogrades, la société, la famille, la propriété n'auraient aucun danger à courir.

Mais nous n'en sommes pas là : la peur est mauvaise conseillère, dit un vieux proverbe avec raison ; au lieu de fuir, il faut marcher résolûment au devant du danger, se débarrasser de tous nos radicaux de la veille et du lendemain et garder la République. Ces radicaux pur sang se sont constitués en France comme nos anciens barons féodaux, ils en ont l'ignorance sans en avoir la bravoure, ils font souche et se lèguent leurs titres de père en fils ; les places, les honneurs, le gouvernement tout doit leur appartenir. Ils ont, d'ailleurs, des raisonnements et des procédés à nuls autres pareils. Sont-ils les plus faibles ; ils ont sans cesse à la bouche le mot de liberté ; sont-ils les plus forts ; ils se hatent de fouler cette liberté aux pieds. Une chambre est-elle nommée depuis quinze jours, elle ne représente plus l'opinion du pays pour peu que ses tendances soient opposées à leurs idées. En un mot, règle générale, quoi qu'ils disent, quoi qu'ils fassent, la nation, d'après eux, est toujours de leur côté. Ils sont vaillants, généreux, spirituels, aimables, gracieux, ce sont des modèles, des petits saints. Pour le démontrer, ils s'y prennent de la façon la plus leste et la plus amusante du monde, une élection ou deux en leur faveur suffit pour prouver tout cela. Quelques gens malintentionnés et grincheux les accusent de sottise et d'incapacité, et vont même jusqu'à en donner des preuves irrécusables. On leur répond avec audace qu'ils sont des réactionnaires, que les radicaux n'ont pas besoin de se disculper, leur titre répond à tout ; ils n'ont qu'une chose à faire, c'est de monter, comme Scipion, au Capitole. Dans les chambres, s'il s'agit de choses sérieuses, finances agriculture, commerce, grâce à leur ignorance ils gardent tous un modeste silence ; en revanche ils se disputent la tribune pour attaquer tout gouvernement qui n'est pas le leur, interpellent à tout propos sans rime ni raison, et sont ainsi cause que nos députés perdent un temps précieux dans des débats inutiles.

Si l'on veut conserver la République, la première chose

à faire est d'enlever à cette race maudite qui n'a jamais su que crier et désorganiser, toutes les places et fonctions dont elle s'est emparée. En second lieu, le parti modéré, dut-il avoir la minorité et dans la Chambre et dans le pays, doit rompre à tout jamais avec ces agitateurs de la pire espèce. C'est là une condition indispensable. S'il tend la main aux radicaux sous prétexte de devenir plus fort et de se faire des alliés, il sera comme toujours entraîné par eux, et solidaire de leurs crimes et de leur sottise. En les reniant hautement, au contraire, il aura toujours pour lui quoi qu'il arrive, deux des partis monarchistes, et par suite une majorité réelle et solide qui ne lui fera jamais défaut. La République ne saurait avoir d'alliance compromettante, elle doit surtout repousser avec éclat ces utopies malsaines qui n'ont servi qu'à égarer les masses. A cette condition elle sera le meilleur et le plus rationnel de tous les gouvernements, et ce sera, en outre, celui de tous qui présentera le plus de chance de durée et de solidité.

Qu'on nomme président un homme loyal et énergique, comme le maréchal Mac-Mahon, et l'ordre sera assuré. Avec l'ordre, la confiance et la prospérité renaîtront. Au bout de cinq ans de tranquillité la République sera fondée. M. Thiers aurait pu obtenir ce résultat s'il avait voulu comprendre que pour être habile dans le siècle où nous sommes, il faut avant tout être franc et loyal, et marcher droit au but que l'on se propose. Son grand âge cependant aurait été un grave inconvénient, car l'on n'aurait jamais été sûr du lendemain. De plus il lui manquait deux choses : un panache et un sabre ; ce que nous disons n'est pas une plaisanterie, rien au contraire n’est plus sérieux. Le peuple français, quoi qu’on dise, n’aime pas l’habit noir ; un chef militaire avec son brillant uniforme, et le nombreux état-major qui l’entoure lui semble mieux représenter la nation, par suite il obéit plus facilement.

Il a tort, c’est possible, mais le fait existe, il faut en tenir compte. Ajoutons de plus qu’un sabre frappant dru et ferme sur tous les partis extrêmes, est indispensable dans les circonstances actuelles. Concilier est une bonne chose, mais pour y arriver il ne faut pas se contenter d’avoir la raison pour soi, il faut aussi avoir la force pour l’imposer au besoin.

Le maréchal Mac-Machon possède au plus haut point la confiance de l’armée, il peut s’appuyer sur elle, c’est l’homme de la situation, le seul en France qui puisse nous apporter l’ordre et la confiance. S’il accepte le pouvoir, s’il jure de maintenir la République, ce serment, qu’on le sait incapable de violer, sera un gage assuré de stabilité. Sûr du lendemain, le pays pourra dès lors employer toutes ses ressources à s’organiser et à cicatriser les plaies causées par nos désastres. Remarquons d’ailleurs qu’en proclamant la République avec le maréchal Mac-Mahon pour président, on a le grand avantage de ne rien changer à ce qui existe, on ne fait qu’en assurer la durée pendant cinq années, et ces cinq années seront employées à démontrer d’une façon définitive si la République est ou n’est pas possible.

Niherne, 25 septembre 1873.

Châteauroux, Imp. A. Nuret et fils.

www.ingramcontent.com/pod-product-compliance
Lightning Source LLC
LaVergne TN
LVHW010307190726
843502LV00014B/3351